ISHQ HAI SUFI

AATIF WANI

A

Contents

Contents

1. meri tanhayi ne mujh ko abaad rkha hai

meri tanhayi ne mujh ko abaad rkha hai

teri yadoon ne mujh ko sambhal rkha hai

roz hazaroon bar mar rha hoon teri yadoon main

tujh se milne ke umeedon ne zinda rkha hai

tujh se milne ke tammnah hai bhout mujh ko

tujh se bichar jane k dar ne dur rkha hai

2. jb teri yadon ne dur rkha mujh ko

jb teri yadon ne dur rkha mujh ko

tb main ne apne qareeb rkha tujh ko

tu ne khud se hmesha juda rkha mujh ko

magr maine dil k qareeb rkha tujh ko

ye alag baat hai tum ne bhula liya hai mujh ko

maine abhi bhi magr yaad rkha hai tujh ko

mat pucho aa logo! kya hua hai mujh ko

uss ke mubabbat ne pagal kr rkha hai mujh ko

3. ghar khali hai magr andr aane na diya

ghar khali hai magr andr aane na diya

darwaze pr rha magr janne bhi na diya

main toh har roz dastak deta rha

magr wo hai k use synaye na diya

wo apne he kamoo main masroof rha

magr hmra khayal kbhi aane na diya

shyid wo nhi chahti k hm whan bss jayain

issi liye shyid hme bolne bhi na diya

hme hmesha whan se dur rhne ka kha

magr dil ne hme whan se jhane na diya

muntazir toh hm iss k didaar k tha

magr unhoon ne hme whan jhankne bhi na diya

4. hm tumhe bhout pyar krte hain

hm tumhe bhout pyar krte hain
bss sirf izhar he kr nhi pate hian
jis din se hm ne tum ko dekha hai
hm kuxh kam nhi kr nhi pate hain
jb bhi tumhari yaad mujhe aati hai
dil ki dharknain bhi dhadak nhi pate hain
tumhari ankhoo main inti gherai hai
meri sansain in main se nikl nhi pate hian
dil main toh hoo lkn fir bhi dur lgti hai
meri jaan tumhe he apne pass nhi pate hai

5. bewafayioon ka ye zamana hai

bewafayioon ka ye zamana hai

dil mera ab bhi begana hai

sochta hoon tujh ko hazaroon martba

ye dil ab bhi tera he diwana hai

rheta hoon main bss ek teri he yaadon main

ek tu he toh bss mera ashiyana hai

6. ek raat aj fir andhere me kt gyi

ek raat aj fir andhere me kt gyi

jism se rooh aj ek bar fir but gyi

ye aadat hai in ratoon ki k har

ek ki zindgi issi silsile me kt gyi

is muhabat ki raat guzarte

ab hr raste chlne wale k sath bt gyi

ishq k intzar aour ishq k na milne se

ab hme hr baat krne wale se ashiqui ho gyi

7. hm ab bhi hain yahan

hm ab bhi hain yahan
tum na jane ho kahan
dil me mere hai aisa dard
jo kbhi na ho sakha bayan
na ishq hme bhula skha na hm ishq ko
ye ishq he toh hai jo hai mera khandan
tum aawo toh keh skhon kuxh ma bhi
tum he toh ho meri awaz, meri zuban
na hai ye, na hai wo, na aour koi hai
ye toh fasla hai jo hai tere mere darmiyan.

8. tu aana ek bar, fir tu jana nhi

tu aana ek bar, fir tu jana nhi
ishq na kr, chor k mgr jana nhi
tu hai yhan wahan, idhr udhr
mgr tu hai toh khain nhi
teri ankhain dekhu ya tere baal
main toh tere siwa dekhu he kuxh nhi

9. tarsta hoon ma tujh ko pa'ne k liye

tarsta hoon ma tujh ko pa'ne k liye

kash tu bhi ma'an jaye mujhe se dil lgane k liye

mr gya hoon ma iss zmane k liye

tadap kr jiya ma iss pyar k liye

bss ek bar tu aa toh sahi mere liye

main fir se lout kr aawon ga tere liye

10. zindgi ke hr shaam tanha rh gyi

zindgi ke hr shaam tanha rh gyi

tu nhi hai toh tanhayie he rh gyi

ab toh bhout maza aata hai dard-e-dil ma

dard ma bhi ab dard dhoondta hoon ma

zindgi ke raah pe ab koi nhi rha mera hamsafar

bhatak ta rha ma iss safar ma akela drbadar

tanha he aaya tha tanha he jana hai

a ghm a ishq ab tumhre sath mera dostana hai

ab kya ghm kya khushiyan kya pyar

dhoka dushmani jise kaha jata hai itbaar

11. zindgi ke hr sham tanha rh gyi

zindgi ke hr sham tanha rh gyi
subha jo thi wo bhi sham ho gyi
ye hai safar hamari zindgi ka
jis mode pe dekho bewafa ho gyi

12. ye mol jo wafa ka meri zindgi ne diya

ye mol jo wafa ka meri zindgi ne diya

kbhi dard, kbhi zakham khol diya

ye dunya jo in matlabi logu ki hai

khud aazad hain mujhe tanha chor diya

ankhoon k ansoon, dil ka dard hai ye

jo ss zalim ne meri wafa ka hai diya

ab kya gam kya khushi kya ye zindgi

ab toh maine tanhayi se apna rishta jodh diya

13. meri rooh, meri sansain, meri dhadkan bn jana

meri rooh, meri sansain,

meri dhadkan bn jana.

tere ishq ma ma k'di

aour tu phradar bn jana.

mere dil ke hr ek dhadkan

tum bn jana.

mere dukh, meri khushi ma

mera hamsafar bn jana.

suraj ke garmi aour dhoop ma

meri thandak aour chawoon bn jana.

meri zameen, mera asmaan

mera dil bn jana.

mera hr khayal, meri har baat

tum bn jana.

meri jeet, meri haar

tum bn jana.

meri hr manzil ka rasta

tum bn jana.

mere liye mera wajood

tum bn jana.

mere huntoon ko apne huntoon pe rkh k
hmesha k liye meri awaz bn jana.
apni ankhoon ma duba kr mere liye
ghera samundar bn jana.
muhje apni sansoon ma sma kr
hmesha k liye dhuwa bn jana.
mere hr ek raste ke manzil
tum bn jana.
mujhe khud ma mila kr hmesha k liye
ek jism doo jaan bn jana

14. adhoora sa hai ye jahan

adhoora sa hai ye jahan
ek tu he toh nhi hai yhaan
bdla sa ye asmaan
bta tu hai kahan
bta tu hai kahan
tha ma musafir tere ishq ka
hoon ma mareez iss marz ka
aa ja re aa ja
mere pass aa ja
mere dil ki dhadkan
ye tere apna pan
hai jaise bachpan
ziddi hai ye maan
bss tujh ko he mange
tujhe ko he chahiye
aa ja re aa ja
mere pass aa ja

15. dhup nikli hai

dhup nikli hai
chand nikla hai
mere andr se sb nikla hai
bs ek tu he nhi nikla hai
asmaan bhi dekha
taare bhi dekhe
dunya bhi dekhi
bs tujh jaise koi aour na dekha
tera dekhna haye kya btawon
tera chalna haye kya btawon
tera muskrana haye ma mr jawon
na idhr na udhr tere bina ma kidr jawon

16. aj dil ma dard hai

aj dil ma dard hai
kl dard ma dil tha
ye dard he toh hai
jo dard ma tha.
na tha kuch na hai kuxh
ek tu he hoga, hai aour tha.
aj tu he toh nhi hai
kl bhi toh tu nhi tha
mera wajood toh aj bhi hai
par tera na aj hai na kl tha

17. aaye meri yaad toh ek ehsaan kr dena

aaye meri yaad toh ek ehsaan kr dena

dil bhr k ek bar mujhe yaad kr lena

kya hai mujh ko ab aouron se lena dena

hai maine toh bss tujh se he dena lena

muhabat nhi toh nafrat he mujh se kr dena

kuxh na kuxh tum se mile asl maqasd hai lena

tera agr nhi hai mujh se koi na lena na dena

toh fir mujh ko bhi kya hai tujhe se lena

18. axha he kiya hum se tumne kinara kr k

axha he kiya hum se tumne kinara kr k
ishq ko ab hm nhi dekhain ga dubara kr k
ye zindgi jee lain ga khud pe sahara kr k
beshak, chodh diya tune mujhe awara kr k
lkn, afsoos is dil ko tumne chora tumhara kr k
hm ma aisa ha he kya jo tumne chora ha hmara kr k
mujh ko tumne chora nhi sirf besahara kr k
bl k tumne toh mujhe chora hai bechara kr k

19. tujhe sochu, tujhe dhundu bar bar

tujhe sochu, tujhe dhundu bar bar
tu hai meri roshni, ma tera star.
dil mera kre tujhe yaad bar bar
dhadknain tu is ke sun bs ek bar.
thoda sa he sahi pr tere sath jiyu
tere sath toh ma zehr bhi piyu.
kyn hai ye tere mere between itna distance
koi juda kr skhe, is there such a fence?

20. mere sath aaya hai toh

mere sath aaya hai toh
ab mera sath na chhor
tu he ek hasil hua hai
ab mera sath na chhor
log milte hain pr fir
chhor k chle jate hain
ab tu mera sath na chhor
tu he mere dil ka hamsafar hai
ab tu mera sath na chhor
tune socha hai
tune smbhala hai
mujhe aour mere dil ko
ab tu mera sath na chhor
tu na hoga toh kahan jawon ga ma
ek tu he hai mera, mera sath na chhor
tu toh meri akhri manzil hai
ab mera sath na chhor

21. hm tumhe ta'hae dil se yaad krte hain

hm tumhe ta'hae dil se yaad krte hain
bs tumhre aane ki he toh faryad krte hain
kuch kre bhi toh kuch hota nhi, ab kuxh nhi krte
bss aise he smjh lo is zindgi ko barbad krte hain
kuxh hai bhi toh nhi, kuxh mila bhi toh nhi
bss yoon he khali dil ko hm aabad krte hain

22. ye jo ho rha hai tumhe kya lgta hai theek hai

ye jo ho rha hai tumhe kya lgta hai theek hai
pr mujhe nhi lgta k jo ho ye rha hai theek hai
phle tum nhi aaye par fir tum aaye aour chle gye
pr ky tumhra aane k baad jana jo hai theek hai
tum mere na ho skhe lkn hm toh tumhre ho gye
pr hme yhan chor k jo hme sath lena hai kya theek hai
abhi khali hai ye drkht pr bahaar is ma zroor aaye ge
pridoon ken a sahi patoon aour foolu ki umeed theek hai
ek din aaye ge bulbul bhi hmra dard sunane yhaan
gr hm nhi toh hmra dard he sahi koi sunaye theek hai
koi ab puche kya theek nhi ya kya theek hai
yhan toh theek bhi theek nhi toh theek kya hai.

23. use hm ne dekha aouru ki bahoon ma

use hm ne dekha aouru ki bahoon ma
use hm ne chlte dekha aouru ki rahoon pe
khush hain wo ab un k sath
ab hme kyn ap dhundte ho khushi k pass
dekha hm ne unko mnate jashn apni shadi ka
shokh se ankahin dekhti rhi pr dil roo pdha
wo hwawain bhi thi unki, wo titliyan bhi
wo phool bhi tha unke, wo bhi tha unke
hmain pucho he mt ab hm kya tha

24. ye dil hmara tha

• 25 •

ye dil hmara tha
jo hmesha se tumhara tha
jo hmesha k liye tumhara hai
iss kahli kil ko tum khali kr k
khali chodh k chle toh gye ho
kya kya dukh ma batwon tujh ko
iss trha ki hai mere muhabbat k
na baat hoot skhi, na koi yaadein hain
na use chu skha kbhi, na wo mujhe
hm toh jante hain k hai hme uss se muhabbat
pr kambakth un ko ke malon na tha.

25. hr dukh ko hm ne khud se chupaye rkha

hr dukh ko hm ne khud se chupaye rkha

hr shaam khud ko hm ne tanhayi ma rkha

ye na tha k mossam he barish ka tha

hamri ankhain bhi brs rhi thi

wo yadain, wo mulakatain

wo tumhara muskrana,

wo tumhara chup chup k dekhna.

26. kash hota koi kehta jo hm ko apna

kash hota koi kehta jo hm ko apna
aisa bhi aata kash koi hm ko sapna
chand aour sitare agr sb tere tha
magr zameen o asmaan bhi to mere tha
hota koi agr tum se bhi zyda khubsoorat
toh hm uss k hote, na hoti fir tumhari zaroorat.
pr ye tum he ho jis ko hm ne apna ghr bnaya
ye tum he ho jis ko hm ne apni ankhoon ma sajaya
ye tum he ho jis ko hm ne apne dil ma bsaya
ye tum he ho jis ko hm ne apne hoontu pe laya
ye tum he ho jis ko hm ne apni awaz se bulaya
ye tum he ho jis ko hm ne apna hamsafar bnaya.

27. jb se tujh ko maine hai dekha

jb se tujh ko maine hai dekha

ab toh mujhe tere siwa dikhta bhi kuch nhi

bss ek yehi arzoo hai meri k

main bn jawon hr arzoo teri

dil ko ma kya samjhawu

kyn samjhawu, kaise samjhawu

meri maane toh smajhawu

tere pass hone iss ko axha lgta hai

tera sath bhi ho toh…… kya he btawu

tere jane k baad ye dil bhi tere sath chla gya

aour mujhe ye pta nhi ma kahan chla gya

tere naam yaad aata nhi bss aata rheta hai

meri zuban pe, rhte mere dil ma tu hai

28. tujhe sochne se khud ko ma kaise rokun

tujhe sochne se khud ko ma kaise rokun

bhal inn ankhoon se tujh ko ma kaise na dekhun

samjhaya bhout pr dil mana na meri baat

tere he talash ma rha mera dil din o raat

aane se phle he tu itni chle gyi hai durr

hogya hu ma bebass aour majburr.

tujhe khud se ma dur kru kaise

tu hai meri rooh, mera hr khayal jaise

neend mujhe aati nhi, ma fir bhi soota hu

bs ek tera he khawab dekhne k liye

khud ko dur rkha, lkn aour zyda hua ma nazeek

kya kahu, kya btawu, sb kuch hai tu.

mere kareeb toh ek br aa ja

mujh se dur chle tu na ja

na ma byan kr skha

na tu smjh skha

isi kashmaksh ma tujh ko khoya

tujh ko paane ki kshmaksh ma bhout roya

tujhe yaad kiya bina ma kabhi na soya

ab pta nhi tere bina meri zindgi ka kya hoya.

ek tere na hone se

kuxh waise na rha

tere anne se meri ek
hoti alag he dunya
sirf hm aour tum hote jhaan
pr ab aisa nhi hai koi imkaan.
tum bin iss khushi ka
tum bin iss zindgi ka
ma kya kru: mujhe bta?
nazr bhr k tujhe kaise dekhu
tujhe haat lga kr kaise dekhu
tujh se bina drr k baat kaise kru
baat kiya bina ma kaise mru.

29. tu khud khudko jaanta hai kya

tu khud khudko jaanta hai kya

mere ilawa bhi koi tujhe pechanta hai kya

mohabbat kya hai tu mujh se puch

meri jaise mohabbat bhi koi nibhata hai kya

hazar koshishain ke maine firbhi mohabbat na ke tune

aise bhi aour itna bhi muhabbat krne walu ko koi stata hai kya

ankhu ma anshu hain, ansoon ma hai aankh

itna bhi koi ankhu ko rulata hai kya

dil ma khun tha, khun k ansu rota hai ab

bhla itna bhi muhabbat ma koi azmata hai kya

jal gya jal rha hu iss ishq ki aag me ma

itna kisi ko koi insaan jalata hai kya

iss se phle k zinda laash bnu, tere sath zindgi chahta hu

waise bhi yahn zinda insaan ko koi dafnata hai kya.

30. hm ne un ko dekha chand sitaru ma

hm ne un ko dekha chand sitaru ma

hm ne un ko ja'na hai in baharu ma

tbse dil hai hmara angaru ma

jbse kho gya wo un bicharu ma.

tadpta hai dil, tarasti hain nigha'ain

aa ja khuli hain mere bahain

barsti hai barish, garajta hain badal

aa ja fir hm hon ya na hon kl

ankhu se ansu ba'he, ye dard hm ne na jane kaise sa'he

jb jb dekha tujhe mile hme zakham na'ye

na tu aaya, na tune aana chaha

ab iss se kya fark pdta hai k hm ne kya chaha.

chli gyi hai tu, ab ja rha hu ma

ye pta nhi milna kb hoga ab dubara se.

www.ingramcontent.com/pod-product-compliance
Lightning Source LLC
Chambersburg PA
CBHW021151130726
47988CB00004B/1567